La búsqueda de la ve

Los vehículos

Lisa Greathouse

La búsqueda de la velocidad
Los vehículos

Asesor en ciencias

Scot Oschman, Ph.D.

Créditos

Dona Herweck Rice, *Gerente de redacción*; Lee Aucoin, *Directora creativa*; Timothy J. Bradley, *Responsable de ilustraciones*; Conni Medina, M.A.Ed., *Directora editorial*; James Anderson, Katie Das, Torrey Maloof, *Editores asociados*; Rachelle Cracchiolo, M.S.Ed., *Editora comercial*

Teacher Created Materials

5301 Oceanus Drive
Huntington Beach, CA 92649-1030
http://www.tcmpub.com

ISBN 978-1-4333-2146-7
©2010 Teacher Created Materials, Inc.
Printed in China
YiCai.032019.CA201901471

Tabla de contenido

Cómo llegar de un lugar a otro, ¡y rápido!

Los seres humanos siempre están a la búsqueda de maneras de viajar rápido. Todo el mundo quiere ir de un lado al otro en menos tiempo.

Nuestros vehículos cambiaron mucho con el paso del tiempo. Cientos de años atrás, las personas viajaban en carretas tiradas por caballos. En el siglo XIX podías viajar a algunos lugares en tren y barco de vapor. A comienzos del siglo XX se inventó el automóvil. Esto hizo que viajar fuera algo mucho más fácil. Después, las personas comenzaron a viajar en avión; de esta manera, podían cruzar un país en cuestión de horas en lugar de días.

1807

primer barco de vapor

1885

motocicleta primitiva

1885

los comienzos del carro

Algunas personas prefieren los vehículos que ellos mismos impulsan. Éstos incluyen bicicletas, patinetas y monopatines.

Por otra parte, también están las personas que no sólo quieren ser rápidas, sino que quieren ser las más rápidas de todas; personas a quienes les gusta la idea de establecer récords por ser más rápidos que todos los demás. Puede tratarse de pilotos, conductores de carros de carrera, ciclistas ¡o hasta de conductores de motonieve! Éstas son personas que se esfuerzan por la **velocidad**.

1903

los hermanos Wright y uno de los primeros aviones

1981

el primer viaje en transbordador espacial

2004

primer viaje espacial tripulado de capitales privados
SpaceShipOne

Siempre en movimiento

Ya sea que algo se mueva rápido o con lentitud, el **movimiento** siempre está incluido. El movimiento implica cómo, dónde y por qué algo se mueve.

En el universo no hay nada que no se mueva. Tal vez estés de pie, quieto en tu lugar, pero la Tierra se mueve alrededor del Sol. Eso significa que todo lo que hay sobre la Tierra se encuentra en movimiento. Las estrellas y los planetas se mueven. Sin lugar a dudas, ¡también lo hacen los vehículos que te llevan de un lugar a otro!

Pero nada se mueve por sí mismo. Para que un objeto se mueva, debe haber una **fuerza**. La fuerza implica un empujón o una atracción. Las fuerzas pueden hacer que los objetos aceleren, vayan más lento o cambien de dirección. Piensa en cuando empujas con los pies los pedales de la bicicleta. ¡Lo que haces es aplicar una fuerza a un objeto para hacer que se mueva!

La cantidad de fuerza que se necesita para mover algo depende de la **masa** del objeto. La masa es la cantidad de sustancia—o materia—que conforma el objeto. Para mover una bicicleta que tiene a dos personas encima hace falta más fuerza que para mover una en la que sólo hay un ciclista.

Esa sensación de ingravidez

Las naves espaciales que están en órbita caen lentamente hacia la Tierra. Como la nave y los astronautas caen a la misma velocidad, los astronautas no se aplastan contra la nave. Se sienten como si no pesaran nada.

Casi inmóviles

Las personas siempre se encuentran en movimiento, aun cuando están en una congestión de tránsito. La Tierra rota y orbita constantemente alrededor del Sol, lo que significa que nosotros también nos movemos con ella.

Una fuerza de la naturaleza

Isaac Newton vivió en el siglo XVII y fue uno de los científicos más famosos de la historia. Utilizó la matemática para describir las fuerzas que veía en la naturaleza. La rama de la matemática que se utiliza en la actualidad para estudiar el movimiento de los objetos lleva su nombre. Se llama Mecánica newtoniana.

Las leyes del movimiento de Newton

Isaac Newton estudió el movimiento. Su trabajo llevó a la formulación de leyes acerca de cómo se mueven los objetos. La primera ley dice que un objeto que está en reposo seguirá en reposo en tanto ninguna fuerza externa lo ponga en movimiento. También dice que un objeto en movimiento se seguirá moviendo a la misma velocidad y en la misma dirección a menos que algo se interponga en su camino. Esto se denomina **impulso.**

¿Alguna vez te preguntaste por qué necesitas usar un cinturón de seguridad cuando andas en carro? La respuesta la tienen las leyes del movimiento de Newton. Es posible que alguna vez al andar en carro éste se haya detenido de repente. Aunque tuvieras puesto el cinturón de seguridad, es probable que hayas sentido el cuerpo salir impulsado hacia adelante cuando el conductor pisó el freno. En esa situación, tu cuerpo se movía a la misma velocidad que el carro. Cuando el carro se detuvo de repente, tu cuerpo siguió moviéndose en la misma dirección. El cinturón de seguridad impidió que salieras despedido de tu asiento. Los cinturones de seguridad salvan miles de vidas por año.

Abróchate

Los expertos en seguridad concuerdan en que abrocharse el cinturón de seguridad aumenta las posibilidades de que estés a salvo en caso de un accidente.

Más leyes del movimiento

La segunda ley de Newton explica qué es lo que sucede cuando se aplica una fuerza a un objeto: el objeto se mueve más rápido o más lento. Cuanto mayor la fuerza, más acelerará o desacelerará el objeto.

Cuando pedaleas en tu bicicleta, generas una fuerza. Cuanto más duro pedalees, más rápido avanzará tu bicicleta.

La tercera ley de Newton dice que cuando una fuerza empuja un objeto, algo sucederá en respuesta a esa fuerza: el objeto devolverá el empujón en la dirección contraria. Imagina que tú y un amigo están andando en patines en línea. ¿Qué sucedería si le dieras a tu amigo un empujón hacia adelante? No te quedarías en el mismo lugar, sino que rodarías hacia atrás. Ésa es la tercera ley del movimiento de Newton en acción.

Las leyes del movimiento de Newton

Primera ley

Los objetos en reposo se mantienen en reposo...

Los objetos en movimiento se mantienen en movimiento...

...a menos que una fuerza exterior actúe sobre ellos.

Segunda ley

Mayor fuerza significa MAYOR aceleración (aumento en la velocidad).

Mayor masa significa MENOR aceleración.

Tercera ley

Si un objeto ejerce una fuerza sobre un segundo objeto...

...el segundo objeto ejerce igual fuerza sobre el primero.

Desafiar a la gravedad

¿Recuerdas cuando aprendiste a andar en bicicleta? Es probable que al comienzo te hayas caído muchas veces. Para hacer que la bicicleta se siga moviendo hacia adelante, debes hacer que las ruedas giren rápido. Si no, la **gravedad** te atraerá hacia abajo. Cuando logras que las ruedas se muevan con rapidez, generas una fuerza antigravedad. Esto quiere decir que cuando andas en bicicleta, ¡desafías la gravedad!

Midamos el movimiento

¿Cómo se mide todo este movimiento entonces? Los científicos e **ingenieros** necesitan medir el movimiento para asegurarse de que los vehículos que utilizamos sean seguros. Pero cualquier persona que conduzca un carro, un barco, un avión o una motocicleta también necesita saber qué tan rápido va su vehículo. Existen leyes que nos indican qué tan rápido—o cuán lento—podemos conducir sin ponernos en peligro.

Hay muchas maneras de medir el movimiento de un objeto. La distancia, el sentido y la rapidez son algunas de esas formas. La rapidez de un objeto es la celeridad con la que se mueve en un lapso determinado. Si tu carro anda a 72 kilómetros (45 millas) por hora, eso quiere decir que en 60 minutos habrá recorrido 72 kilómetros (45 millas) desde su punto de partida. Todos los vehículos de motor tienen un **velocímetro**. Este dispositivo indica la velocidad a la que se desplaza el vehículo.

velocímetro

Otra clase de nudo

Si estás en un barco, utilizarás millas náuticas para medir la distancia de tu viaje. Las millas náuticas también se llaman nudos. Para calcular la velocidad de la embarcación, los marineros solían arrojar al agua el extremo de una cuerda anudada. A medida que la cuerda se arrastraba agua adentro, contaban cuántos nudos se habían sumergido. Cada nudo equivalía a una milla náutica.

Comparemos distancias

1 milla náutica por hora = 1.85 kilómetros por hora
o
1.15 millas por hora

Velocidad y aceleración

La velocidad nos indica cómo cambia la posición de un objeto en el tiempo. Se trata de un cambio en su rapidez y dirección. Piensa en una bicicleta estática para hacer ejercicio. Es posible que pedalees muy rápido, pero no cambias de posición. Eso quiere decir que la velocidad es igual a cero.

Otra magnitud es la **aceleración**. La aceleración es más que simplemente moverse rápido. Un objeto acelera cuando la rapidez de su movimiento cambia. Piensa en un carro que se encuentra estacionado. Cuando comienza a moverse hacia adelante, acelera. Cuando baja la velocidad, se trata de aceleración negativa. Ésta se llama **desaceleración**.

SpaceShipOne

Concorde

Thrust SSC

Coronel Walter L. Watson, Jr.

El coronel Watson fue el primer afroamericano al que se halló calificado para convertirse en miembro de la tripulación del SR-71. Este avión secreto de la Fuerza Aérea aún conserva récords de altitud y velocidad.

Ve el espacio por ti mismo

En 2004, el piloto Mike Melvill hizo historia. Piloteó la nave *SpaceShipOne* en la órbita de la Tierra. Pero Melvill no es astronauta. Esto les dio esperanzas a millones de personas que sueñan con ir al espacio. Los científicos están buscando formas de hacer que los viajes espaciales sean más rápidos y menos costosos. ¡Tal vez un día sea tu turno de salir disparado al espacio!

¿Cuál es el avión más rápido?

Uno de los aviones más rápidos jamás construidos fue el Concorde. Este avión supersónico a reacción volaba a 2,180 kilómetros (1,354 millas) por hora. Era tan rápido que hizo que el tiempo de viaje entre Nueva York y París se redujera a la mitad: de siete horas a sólo tres horas y media. Este avión dejó de volar en 2003 debido a sus altos costos. ¡Ya se está pensando en aviones más rápidos para el futuro!

¿Cuál es el vehículo terrestre más rápido?

El Thrust SSC es el vehículo terrestre más rápido. Estableció la primera marca de velocidad supersónica en tierra con una velocidad de 1,228 kilómetros (763 millas) por hora. Este récord lo alcanzó Andy Green en Nevada, en 1997. En la actualidad, el equipo que diseñó este vehículo trabaja en el diseño de un nuevo modelo llamado *Bloodhound* SSC, del que se espera que alcance velocidades superiores a los ¡1,609 kilómetros (1,000 millas) por hora!

Máquinas móviles

Tal vez no pienses en tu carro como una **máquina**, pero eso es precisamente lo que es. Las máquinas facilitan el trabajo de las personas. El carro que te lleva a la escuela o a la tienda te facilita llegar de un lado al otro.

El motor del carro aplica una fuerza para que giren las ruedas. Eso es lo que hace que se mueva el carro. Pero todas las máquinas necesitan una fuente de **energía** para funcionar. En una bicicleta o patineta, la energía se crea por los movimientos de tu propio cuerpo. En el caso de un carro—o de cualquier máquina con un motor—, la energía proviene de algún combustible.

Combustibles alternativos

La mayoría de los vehículos personales (carros y camiones livianos) utilizan gasolina. Pero en la actualidad hay muchos vehículos que utilizan combustibles más limpios que son mejores para el medio ambiente. Hay vehículos que funcionan a electricidad, gas natural, propano o etanol. Los vehículos híbridos utilizan electricidad y gasolina. En esta clase de vehículos, un tanque de gasolina permite recorrer mayores distancias que en los carros que sólo funcionan con ese combustible.

Las nuevas tecnologías crean vehículos que llegan más lejos con menos combustible ¡y además son mejores para el medio ambiente!

Combustibles fósiles

La mayoría de nuestros vehículos usan combustibles fósiles. Dentro de esta categoría, las tres clases principales son el carbón, el petróleo y el gas natural. Para obtener este tipo de energía, básicamente tenemos que cavar, ya que proviene de los restos de pequeñas plantas y animales que vivieron hace millones de años. Pero el problema es que los combustibles fósiles generan contaminación. Dañan la Tierra y su atmósfera. Por otra parte, las reservas de éstos se están agotando, por lo que en la actualidad los científicos trabajan en la búsqueda de otras formas de energía.

capas de rocas sedimentarias

roca porosa

plantas y animales descompuestos (combustible fósil)

Máquinas como ésta bombean combustibles fósiles de la Tierra.

Cómo se mueve un carro

¿Miraste alguna vez dentro del cofre de un carro? Es difícil comprender cómo hacen todos esos cables y tubos doblados para llevarte de un lugar al otro.

Cuando enciendes el motor de un carro, éste quema gasolina para generar movimiento. Entonces entran en juego algunas fuerzas. Las ruedas traseras crean una fuerza contra el piso, lo que empuja el carro hacia adelante. El aire genera una fuerza contra el carro. Cuanto más rápido va el carro, mayor es la fuerza del aire contra él. La forma en que el aire fluye alrededor de un objeto en movimiento se llama **aerodinámica**. El diseño del carro puede cambiar la manera en que el carro se mueve a través del aire.

motor a gasolina

Otra fuerza que puede hacerte reducir la velocidad es la **fricción**. Esta fuerza está presente siempre que hay objetos en contacto. La fricción es lo que disminuye la velocidad del carro cuando llegas a una señal de alto. Primero, el conductor pisa el pedal de freno, y la fricción entre los frenos y las ruedas reduce la velocidad del carro. Si estás sobre una patineta y quieres detenerte, sacas un pie de la tabla y lo apoyas en el piso. En este caso puedes detenerte por la fricción entre tu calzado y el concreto.

Cuando la fricción nos ayuda

Cuando las carreteras están mojadas, los conductores deben tener cuidado especial. Un camino resbaloso implica una menor fricción. Para las ruedas es mucho más fácil agarrarse al camino cuando éste está seco. Los carros pueden resbalarse cuando la carretera está mojada. Muchos vehículos están equipados con frenos especiales que ayudan a los conductores a evitar que el carro patine.

Carros con alas

¿Alguna vez viste algo que parece un ala en la parte trasera de un carro? Eso se llama alerón. Este dispositivo hace que el carro sea más aerodinámico y le aporta mayor estabilidad en el camino.

alerón

Clases de barcos

buque de vapor

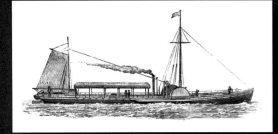

buque carguero

lancha motora

crucero

Clases de trenes

locomotora de vapor

tren Amtrak

tren de levitación magnética

Viajes más rápidos

Los seres humanos siempre intentaron descubrir cómo llegar de un lado a otro más rápido. ¡El famoso artista Leonardo da Vinci ya bosquejaba máquinas voladoras en el siglo XV! Eso fue cientos de años antes de que se usara la primera máquina de vapor en un barco en 1807. En la actualidad, algunos barcos están hechos para la velocidad. Las lanchas motoras más potentes pueden andar a más de 160 kilómetros (100 millas) por hora. Un crucero tal vez sólo navegue a unos 40 kilómetros (25 millas) por hora, pero lleva a miles de personas a bordo.

La máquina de vapor también se usó en los ferrocarriles. La locomotora de vapor transportaba bienes y personas por largas distancias. Desde mediados del siglo XIX hasta principios del siglo XX, era la forma en que viajaba la mayoría de las personas. En la actualidad muchas personas todavía utilizan el tren, pero los trenes actuales son mucho más rápidos. La mayoría tiene motores diésel o son eléctricos. ¡Algunos de los nuevos trenes viajan a velocidades de hasta 500 kilómetros (310 millas) por hora!

Trenes de levitación magnética

En la actualidad, la manera más rápida de recorrer distancias largas es por aire. Pero algunos países desarrollaron trenes de alta velocidad, como los trenes de levitación magnética (conocidos también como *maglev*, una abreviación de "levitación magnética" en inglés). Estos trenes utilizan electroimanes muy potentes para flotar sobre las vías, lo que les permite desplazarse a velocidades altísimas.

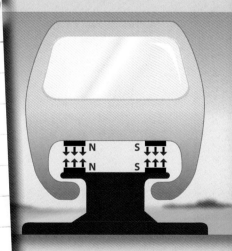

¡Nos encantan nuestros carros!

Tal vez te preguntes cómo hicieron alguna vez las personas para desplazarse sin un carro. El primer automóvil a gasolina se inventó en 1896. Al principio, sólo las personas ricas podían acceder a un carro, pero no pasó mucho tiempo hasta que la mayoría de las familias tuviera uno. Estos primeros carros apenas podían ir a unos 16 kilómetros (10 millas) por hora.

En la actualidad, millones de personas conducen carros y camiones todos los días. Las autopistas son cada vez más grandes para poder albergar a más carros. Las personas adoran los carros porque son rápidos, cómodos, fáciles de conducir y pueden ir prácticamente a cualquier lado en ellos. La mayoría de los carros pueden viajar a más de 160 kilómetros (100 millas) por hora. Pero conducir tan rápido es peligroso. Por esa razón, existen leyes que limitan la velocidad. Qué tan rápido puedes conducir depende de dónde estés. Si conduces por una calle donde hay una escuela, deberás conducir muy despacio. Si estás en una autopista, podrás conducir más rápido.

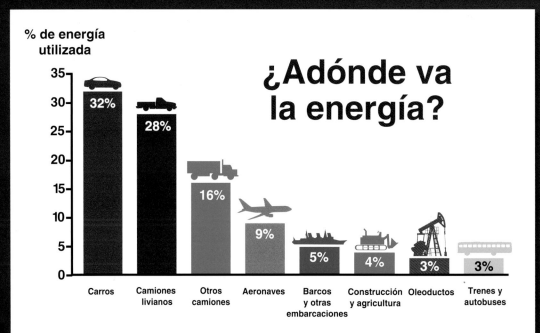

% de energía utilizada

¿Adónde va la energía?

- Carros: 32%
- Camiones livianos: 28%
- Otros camiones: 16%
- Aeronaves: 9%
- Barcos y otras embarcaciones: 5%
- Construcción y agricultura: 4%
- Oleoductos: 3%
- Trenes y autobuses: 3%

Siempre en movimiento

En los Estados Unidos, existen alrededor de 240 millones de vehículos (carros, autobuses y camiones). ¡Eso es más de tres vehículos de motor cada cuatro personas!

Los primeros carros eran muy parecidos a un carruaje tirado por caballos. Se les conocía como "carruajes sin caballos".

Tomar vuelo

Al mismo tiempo que se ensamblaban los primeros carros, dos hermanos construían el primer avión. Orville y Wilbur Wright remontaron el primer vuelo exitoso en 1903, el que tuvo una duración de 12 segundos.

En los años subsiguientes, se construyeron aviones más grandes y rápidos para el ejército. En la década de los cincuenta aparecieron los aviones de pasajeros a reacción. En la actualidad, los aviones jumbo vuelan a más de 800 kilómetros (500 millas) por hora. Los aviones a reacción más rápidos pueden volar a una velocidad siete veces mayor que la **velocidad del sonido**.

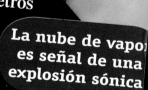

el primer avión de los hermanos Wright

El futuro de los viajes espaciales

En 1969, Neil Armstrong se convirtió en el primer ser humano en pisar la Luna. Eso fue apenas 66 años después de que los hermanos Wright hicieran su primer vuelo. En 2006, la NASA lanzó al espacio su nave más rápida —por ahora. New Horizons se encuentra en este momento en misión a Plutón. ¡Esta máquina viaja a 80,470 kilómetros (50,000 millas) por hora! En apenas 100 años, la ciencia del vuelo avanzó muchísimo.

La nube de vapor es señal de una explosión sónica

La velocidad del sonido

El sonido está compuesto por vibraciones en el aire que se desplazan a aproximadamente 1,200 kilómetros (760 millas) por hora. La velocidad del sonido recibe el nombre de Mach I. Cuando un aeroplano viaja a esta velocidad, se escucha una explosión sónica.

Fuerza en el aire

La **aerodinámica** es el estudio de las fuerzas y el movimiento de los objetos en el aire que resulta de éstas. La aerodinámica afecta todo lo que se mueve en el aire. Aviones de pasajeros a reacción, cometas y cohetes a escala, todos son ejemplos de objetos afectados por la aerodinámica. La bola curva que arroja un lanzador de béisbol es curva gracias a la aerodinámica.

lanzamiento del
New Horizons

Historia de las carreras

Las carreras de carros son uno de los deportes más populares del mundo. La primera carrera tuvo lugar en 1895. La mayoría de las pistas de carrera tiene forma oval. Este deporte se divide en diferentes categorías de carreras. Éstas incluyen turismo, *open wheel* y Fórmula 1.

corredores de Fórmula 1 (arriba) y conductor de carro de carreras con equipo de seguridad (izquierda)

Seguro a cualquier velocidad

La velocidad le gusta prácticamente a todo el mundo. Es emocionante. Además, te lleva más rápido a donde quieras ir. Casi todos los vehículos nuevos ofrecen velocidades mayores. Ésa es la razón por la que mucha gente quiere tener el último carro, la última motocicleta o hasta el último avión privado.

Pero mayores velocidades implican un riesgo mayor. Cuanto más rápido anda un carro, más peligro corren todos los involucrados en caso de accidente. Cuanto más rápido manejas una motocicleta, mayores riesgos corres si das con un bache en el camino y caes de ella. Los conductores de carros de carrera siempre quieren ir más rápido, pero también usan lo último en equipos de seguridad. Si andas en carro, el cinturón de seguridad es esencial. Cuando andas en un vehículo personal, tienes que usar casco y otros equipos para protegerte. ¡La seguridad siempre es más importante que la velocidad!

Límites de velocidad

Hay pocos lugares en el mundo en los que no hay límites de velocidad en las carreteras. En Alemania, la mayor parte del sistema de autopistas no tiene límites de velocidad. En los Estados Unidos, muchas carreteras tienen un límite de 105 kilómetros (65 millas) por hora. El mayor límite de velocidad establecido en el mundo es de 160 kilómetros (99 millas) por hora y se encuentra en Austria y en los Emiratos Árabes Unidos.

Cuando andas en carro, te mueves a la misma velocidad que el vehículo. ¡Es importante que uses el cinturón de seguridad! Si el carro tiene que detenerse de repente, el cinturón de seguridad impedirá que salgas despedido de tu asiento.

Materiales

- trozo de cartón rígido de al menos 45 cm x 30 cm (18 pulgadas x 12 pulgadas)
- dos libros, cada uno de 2.5 cm (1 pulgada) de grosor
- cinta adhesiva de papel
- lápiz
- trozo de arcilla para modelar
- carrito de juguete
- trozo de listón de 30 cm (12 pulgadas) de largo
- regla
- cronómetro

Procedimiento:

1. Toma el trozo de cartón y apoya uno de sus extremos sobre el borde de uno de los libros para formar una rampa.

2. Pega el otro extremo del cartón a una mesa o al piso con la cinta adhesiva.

3. Pega el lápiz a la mesa a una distancia equivalente a dos veces el largo del carrito desde el extremo del cartón pegado con cinta.

4. Utiliza la arcilla para hacer una figura pequeña, como un muñeco de nieve, de unos 5 centímetros (2 pulgadas) de altura.

5. Aplasta la base de la figura de arcilla y apóyala, sin presionar, sobre el cofre del carro.

6. Coloca el carro con la figura de arcilla en el extremo elevado del cartón.

7. Suelta el carro para que baje por la pendiente de cartón y activa el cronómetro al mismo tiempo. Detén el cronómetro cuando el carro choque contra el lápiz. Registra el lapso y registra también a cuántas pulgadas de distancia del lápiz aterriza la figura de arcilla. Utiliza una tabla como la que incluimos debajo.

8. Usa el listón para atar la figura de arcilla al carro. Ahora, repite los pasos del 5 al 7. La figura de arcilla debería permanecer en el carro.

9. Ahora pon los dos libros, en lugar de sólo uno, debajo del cartón para que la rampa sea más empinada. Repite el experimento.

10. Compara los lapsos y las distancias. ¿Por qué son diferentes los lapsos y distancias en uno y otro caso?

	Rampa con un libro	Rampa con dos libros
Velocidad del carro (con la figura de arcilla suelta, en segundos)		
Velocidad del carro (con la figura de arcilla atada, en segundos)		
Aterrizaje de la figura de arcilla (en pulgadas, desde el lápiz)		

Glosario

aceleración—cambio en la velocidad

aerodinámica—estudio del movimiento del aire

desaceleración—reducción de la velocidad

energía—fuerza necesaria para funcionar

fricción—fuerza que actúa sobre las superficies que se encuentran en contacto y las desacelera

fuerza—empuje o atracción que hace que las cosas se muevan

gravedad—fuerza mediante la que los objetos se atraen entre sí

impulso—fuerza o rapidez del movimiento

ingeniero—persona que planifica, construye o maneja un proyecto

máquina—objeto que utiliza un movimiento para facilitar el trabajo

masa—cantidad de materia que compone un objeto

movimiento—cambio de posición

NASA—Administración Nacional Aeronáutica y Espacial de los Estados Unidos

velocidad del sonido—vibraciones que el sonido ocasiona en el aire y que viajan a unos 1,200 kilómetros (760 millas) por hora

velocidad—magnitud que expresa un cambio de posición

velocímetro—indicador que señala la velocidad a la que se mueve un vehículo

Índice

Científicos de ayer y de hoy

Wernher von Braun
(1912–1977)

Los seres humanos están en una permanente búsqueda de la excelencia. Wernher von Braun no fue una excepción. Nació en Alemania y se convirtió en una figura destacada en el campo del diseño de cohetes espaciales. Contribuyó con el programa espacial estadounidense en el desarrollo de cohetes. Fue el ingeniero en jefe del cohete *Saturno V*, que impulsó a la nave *Apolo* hasta la Luna. También tuvo mucho que ver con la obtención de apoyo público para el programa espacial.

Ron Ayers
(1932–)

En la facultad, en Inglaterra, Ron Ayers se dedicó al estudió de los aviones, las naves espaciales y el vuelo. Después de la universidad, trabajó en mejorar el vuelo de aeroplanos y misiles. Finalmente dejó ese trabajo, pero seguía sintiendo curiosidad. Estudió el vuelo y la velocidad con mayor profundidad. Luego trabajó con un grupo de personas en el proyecto de romper la barrera del sonido con un vehículo terrestre. Se trató del vehículo terrestre más rápido del mundo, el que alcanzó una velocidad de ¡1,228 kilómetros (763 millas) por hora!

Créditos de las imágenes